화랑곡나방 애벌레의 추억

화랑곡나방 애벌레의 추억

김소영 시집

신세계문학

시인의 말

새들이 노래하는 새벽 숲

그 아래 펼쳐진
맨발 걷기 황톳길

나는 걷는다
맨발로.

차례

1부

시인의 말 · 5

아우라지 가는 길 · 12
수련 · 13
수관정 · 14
겨울 예감 · 16
용흥사에서 · 18
물 속의 염주알 · 20
쥐똥나무 씨앗 · 22
개화 · 23
달맞이꽃 · 24
가만히, 힘줄 · 26
꽃들은 거꾸로 걸었다 · 27
낮달 · 28
기차가 기침을 해요 · 30
봄날 · 31
상자 · 32

2부

얼음강 · 36
화랑곡나방 애벌레의 추억 · 37
용당동 946번지 · 40
서류 한 장 · 42
겨울 이야기 · 44
골목의 스위치 · 46
일기 예보 · 48
메주 띄우기 · 50
꼼꼼수선집 · 52
1992년 12월 18일 · 54
크레파스는 별을 그리지 못하고 · 56
자화상 · 58
발치 · 60
덕곡리 부근 · 62
푸른 이불 한 채 · 64

3부

■

민들레꽃 필 무렵 · 68
시집을 읽는 아침 · 69
꽃을 지우듯 · 70
접시를 헹구는 동안 · 71
봉숭아 · 72
내 마음의 폐허 · 74
연인 · 75
산정동 · 76
계림8구역 · 78
동거 · 80
버드세이버 · 82
와온 가는 길 · 85
회색빛 구름이 빛을 통과하는 순간 · 86
발톱이나 가시에 관하여 · 88
스파이호핑(Spyhopiong) · 90

4부

■

해국 · 94
꽃무릇 · 95
관방천에서 · 96
대흥사는 멀다 · 97
새들이 씨앗을 터뜨리다 · 98
저기, 저렇게 · 100
누에처럼 엎드려 · 102
희구당에서 · 103
도서관에는 시계가 없다 · 104
겨울 연꽃 · 106
여우꼬리 선인장 · 108
연실 · 110
소나기는 내리고 · 112
그날 · 113
그 애가 올 수 없는 이 도시 · 114

발문 |
한 도배공이 빚어 올린 궁핍한 이미지의 축제 · 117
– 곽재구 (시인)

제1부

아우라지 가는 길

나,
그대를 넘지 못하듯
산은 강을 넘지 못한다는
아우라지 가는 길

폭설주의보 들으며
굽이굽이 눈보라 휘날리는
정선을 넘는데

자작나무 숲을 지나
옥수수 빈 대궁을 치며 가는 바람
흙먼지 뒤집어쓰며
겨울을 견디는 건 낙엽송들의 시(詩)이지

산간에 반짝이는 무심한 불빛
눈송이 바람에 날리며
길이 막힌다

집 없는
고양이의 눈빛처럼 날카로운 밤.

수련

 명치끝이 바늘로 찌르는 것처럼 따가울 때 생태탕 집에 가서 뜨거운 국물을 떠먹는다 이마에 땀방울이 송송 맺혀 눈물인지 땀방울인지 분간이 안 갈 때까지 남은 시간 소주 한 병 까는 것도 좋다 창 밖에 비가 내리면 더욱 좋으리 몸에서 나오는 습기와 비가 섞이면 울음을 삼키지 않아도 좋으리 비에 젖은 진흙탕에서 천배쯤 하다 보면 가슴속 주름이 부챗살처럼 펴지며 뜨거운 열기가 온몸을 휘감아 올라 천 마리 종이학이 되어 하늘의 정수리를 향해 두둥실 날아오른다.

수관정

대원사 언덕배기에 죽음을 체험하는 정자가 있다 수관정에 다녀오면 모든 일이 잘 풀린다고 했으나 사소하지만 몇 개의 규칙이 있었다 설산에서 온 풍습도 끼어 있는 듯 했다 밖에서 관 뚜껑을 닫아주고 곡을 해주는 일은 그다지 낯설지는 않아서 쉽게 눈을 감아 주었다

관속에 누워 관 밖의 손 망치 소리를 듣는 것은 하지만 처음 있는 일이었다

고요하고 지루한 곡소리가 들려온다 카르마의 잎들이 떨어져 나가는 것을 진심을 기울여 믿기로 한다

귀를 열고 귓속의 달팽이 한 마리를 밀어내 본다 하필이면 민달팽이 같았다 잘 안 잡히는 느낌이 손에 쥐어진다 손을 바깥으로 내밀 수 없다

어제는 죽고 내일이 태어난다는 주문을 외워본다 주문은 대게 밖에서 시킨 것들이어서 안에서 음식을 시킬 때도 주문을 사용했던 기억을 한다 상상들이 몇 개 더

지나간다 다음 생은 당신에게 닿기를 원한다고 차마 말하지는 않았다 나는 아스트랄계*로 흘러가고 있을까 관에서 나와 집으로 돌아온 뒤에도 머리칼이 계속 자라고 있었다 언덕을 내려올 때 짐승의 울음소리가 들려오는 것 같았다

  죽음을 익혀 보려는 계획이 아직 완벽하지는 않았다.

*인간이나 동물처럼 형태가 있지 않은 영혼들의 세계

겨울예감

가을바람을 잘라서 대문을 만들고
별들의 반짝임으로 문패를 만들었다

잎에 매달린 이슬을 떼어내어 베갯속에 넣어두고
달무리를 끌어내려 이불도 준비했다

그와 내가 낡은 스웨터처럼 등을 맞대고 누우면
땔감을 쌓아 올린 반대편 계단에서
발가락을 핥고 있는 새끼 고양이 숨소리

굴뚝 목덜미에 회색 스카프를
칭칭 감아주고

고장 난 나침판을 들고
새벽 기차를 기다렸다

선 밖으로 몸을 내미는 사람들
자신의 귓속으로
폭설이 내려 길을 잃었다고 한다

안내 표지판을 물고 간 고양이가 폐가에서
달빛을 야금야금 파먹고 있다

어쩌면 그의 음악도 고양이 짓이라고 의심을 해본다
그을린 눈가루가 흩날린다

잃어버린 음악 때문에
귀가 들리지 않는다고 했다

어쩌면 이것은 지금 노래를 잃어버린 사람들의
이야기가 아니다

눈이 내릴 것이다.

용흥사에서

목련이 피는가 싶더니

봄비가 일주문을 적신다

그대 향해 걷던

발자국에 돋아나던

버섯의 말간 얼굴

빈 마당처럼 수척한 날에는

마음의 빗장 열지 못한 채

떨어져 쌓인 꽃잎

한낮의 두엄 속처럼 후끈거렸다

바람의 그물 속으로

무심한 하루가 저물고

주황빛 노을 속으로

귀가하는 예불소리가

흩어지는 마음을 거두워 갔다.

물속의 염주알

복족류들이
난민수용소처럼 엉켜있는 수풀에서
떠오르는
검정말 뿌리를 바라보았다

생존을 위해선 더듬이를 최대한 내밀어야 해

가만히 귀 기울이면 미세한 신호를 예감한 듯
숨소리가 외투강 속으로 스며든다

돌멩이처럼 낮게 엎드려
눈동자에 금이 가는 소리를 듣는다

찢어진 검은 봉지, 부스러진 스티로폼
쓰레기 뭉치들이 검은 악보를 연주할 땐
죽은 듯이 뚜껑을 닫고 누워있어야 한다

정수리에 달라붙는 플랑크톤을 걷어내면
잠시 투명해지는 물빛

강물이 유난히 반짝이는 날

어미의 몸을 통과해 가는 물소리를 들으며
다슬기는 너와집 한 채씩 지니고 태어났다

어미의 빈 껍질을 매달고 돌아가는 물의 계단마다
두 눈썹을 치켜뜬 눈동자가 따라온다

새끼들은 수관구를 열어 먼 데서 밀려오는
물살을 힘차게 빨아들인다.

쥐똥나무 씨앗

오후 세 시, 창틀 위로
새소리가 포물선을 그리며 휘어진다

빨랫줄이 텅 빈 시각이다

창틀 아래 떨어진
쥐똥나무 씨앗을 주머니 가득 담아왔는데

문득
주머니를 열어보니
보푸라기가 일어난 자리마다
울음의 속살 같은 옹이가 박혀있다

실오라기가 풀리듯
옆구리에
웅크려있던
내가 가만히 부풀어 오르고.

개화

소리 없이
소리도 없이 산 벚꽃 지는 소리

산수유꽃 노랗게 꽃망울 터뜨리던 자리에
이파리가 수줍게 새순을 틔우던 시각이었을까요

그런 느낌의 바람이 조심스레
일렁이기 시작했다고나 할까요

그때 마침 은행나무 가지 끝에선 온 신경의 떨림을
나란히 잎맥에 담아
건너 편 가지로 띄우기 위해 깨금발로 서성일 때

당신은 이미 알고 있었지요

붉게 달아오른 저녁노을이 뜨거워진 호흡을 식히느라
산 그림자에 몸을 숨길 때

서늘한 저녁 바람 한 줄기 나뭇잎 사이로
스며드는 것을.

달맞이꽃

신발을 신지 않는 새들이

허공을 헤집는다

살구나무 정수리에 걸린

달빛이 풍선처럼 부풀어 오른다

목발을 한 저녁이

잎사귀를 떨어뜨리면

마지막 숨을 내쉬던

어머니의 눈동자 위로

만월은 풍등처럼 떠오른다

어머니의 숨이 입김을 불어 넣었을까

흘러내린 촛농 위로 꽃이 핀다

노란 귀걸이를 귓불에

매달고서

어머니 달 속으로

들어가신다.

가만히, 힘줄

논둑길을 걷다가 본다

버려진 가구 틈에서 풀꽃들이 자라고 있는 것을,

초록의 힘으로 가구를 조금씩 옮기고 있었다

아버지는 어린 떡잎이던 나를 여기저기 옮겨 심는 바람에 튼실한 뿌리를 갖지 못했고 꾸덕꾸덕 반쯤 마른 상태로 늘 발뒤꿈치가 갈라져 있었다

잎사귀를 마름질하는 밤이면, 닳아진 신발 구멍으로 삐져나온 발가락처럼 잔뜩 오므린 풀꽃들, 구름의 사다리를 힘겹게 내려온 별들이 울타리 가까이 낮은 촉수로 깜박거렸다

무너져 내리는 가구의 귀퉁이를 지그시 누르며 햇살을 잡아당기는 덩굴손의 푸른 힘줄.

꽃들은 거꾸로 걸었다

 그해 초여름 꽃가루가 그림자처럼 벽에 붙어 있거나 거미처럼 지붕을 타고 내려오기도 했다 마치 안개가 이동하듯이 은밀하게 천천히, 순식간에……

 목련처럼 젖가슴이 부풀어 오르던 여고생들은 안대를 하고 학교에 갔다 사람들은 안질에 걸려 식염수에 눈을 헹구었으나 눈알을 더듬던 꽃가루만 죽은 물고기처럼 떨어졌다 온누리 약국의 안약은 동이 났다 꽃가루에 묻은 독성 때문이라고 대문을 잠그고 꽃밭의 소문들을 뿌리 채 불태웠다 안질은 오랫동안 그 도시의 그림자로 남아서 귓속말로 발바닥을 핥고 다녔다

 신발을 들고 꽃들은 거꾸로 걸었다

 꽃가루가 날려도 이제 안질 따위는 걸리지 않을 무렵 아기 엄마가 된 여고생들은 눈동자 깊숙이 곤두박질치던 안질의 기억을 깡그리 잊고 살거나, 오래된 사진첩 속에서나 무심히 기억할 뿐, 지금은 어디에서나 맑은 눈을 가진 아이들이 눈먼 땅거미처럼 꽃씨를 뿌리고 있다.

낮달

세금 고지서가 손잡이 떨어진 문틈에서

코를 내밀고 있다

파고드는 찬 바람과 함께 뒷주머니에 구겨 넣는다

한 사내가 흰 머리칼 같은 여백 속으로 날린다

먼지에 싸인 낮달이 희미하다

방금 날리던 작업복 하나가

공터의 난장목들을 모아 불을 입힌다

날아드는 어깨들 위로

나뭇잎 같은 손톱들 마다 까만 때가 끼어 있다

목관악기처럼 구부러진 무릎을 이으며

원을 모으는 고흐의 구두*들

보이지 않는 이름을 향해 안부를 묻는 풍습은

이 공화국에서의 오래된 버릇들이어서

낮달의 표정이 간명하다

버려진 참치 깡통 속으로

고양이 한 마리의 코가 낮달을 묻히고 있다.

*고흐는 생전에 노동자의 구두를 그림으로 남겼다.

기차가 기침을 해요

어린 동생이
방아깨비처럼 등 뒤에서 휘파람을 불어요

젊은 엄마가
연못에서 가시연꽃으로 솟아올라요

안개는 기적소리처럼
몸을 뒤집으며 흩어졌다가 모여들어요

월식 밖으로 지워지고 있는 조각달 입 속에서
비린 것들이 흘러내려요

붉게 밑줄 친 이름으로 피어나
가지마다 아프게 터지는 폭죽
손톱을 깨물면
손가락 마디에서 날개가 돋아나요

발이 빠져나간 그림자가
신호대기 중인 건널목에 서 있어요

멀리서 기차가 쿨럭이기 시작했어요.

봄날

같이 밥 먹어줄 사람 없이
국밥 한 그릇 시켜놓고
뜨거운 김을 들여다보면
밥과 국이 서로 엉켜
둥둥 떠다니는 것마저도
용서할 수 없었던 날

아편 같은 악몽을 꾸며 청춘이 가고
속수무책인 봄날엔 속절없이 목련 가지만
부러뜨리고

삼십을 넘어 사십을 지나
몸은 단풍잎처럼 붉어지는데

팽이버섯처럼 가지런히 키를 맞추며
줄줄이 당신의 아이를 낳고 싶은 저녁.

상자

환절기마다 이 계절을 떠나고 싶다

엎드린 마음 안쪽
말풍선이 매달린
압축된 상자를 당신에게 보낸다

붉어지던 꽃이
바람의 손가락 사이로 떨어진다

당신인가요?

열어보지 못한 시간들은 거리를 쏘다니는데
처음부터 이곳이 마지막이었다는 듯
두근거리는 맥박을 꽉 쥐며 일기예보를 클릭한다
짙은 안개를 주의하라고 한다

당신이 나를 열어본 순간
플라타너스는 카톡 같은 소리를 내고 있다

서두르다가
굴러간 상자의 뚜껑을 닫지 못했다

돌아보면 색을 바꾸고
돌아보면 무지개가 뜨고

미래에 도착하려는 당신은
지금 막 터널을 지나는 중이다

먼 곳의 그림자를 안으러 가는 안개는
내비게이션에도 없는 길을 찾고 있다

상자 안에는 무수한 당신이 뒷모습으로 서 있다.

제2부

얼음 강

물갈퀴를 쳐들고
제멋대로 부딪치는
안개의 표정이 일그러진다

한 방향을 고집스럽게
바라보는
나팔꽃은 몇 번의
속앓이를 하며 피었다 지는 걸까

뒤집힌 우산을 안간힘으로 붙잡으면
빗방울은 더욱 굵어지고
감자꽃 하얗게 흩어지던 밤

시멘트 반죽이 굳어지던 길목에서
칼날 들이대며
몇 번의 피 흘림으로

사랑은 완성되는 걸까.

화랑곡나방 애벌레의 추억

쌀독에 얼굴을 넣고
바닥의 쌀알을 긁어모으다가 보았어
화랑곡나방 애벌레가 몸을 말아 쌀알을 굴리고 있는 것을
처음엔 갓 피어난 토끼풀꽃인 줄 알았어
손가락을 내밀어 집어 올렸을 때
고물거리는 몸짓에서 떨어지던
흰 꽃잎 한 톨

손목을 타고 화랑곡나방이 떼지어 날아올랐어

빈 쌀독 속으로
몸을 말아 들어가 앉아 보았어

그날 저녁
자갈길을 굴러가는 수레바퀴처럼
몸을 굽히면 덜컹대는 발목을 신고
지붕의 눈시울이 그렁그렁 해질 무렵
나뭇짐이 되어
산을 내려온 할머니

밤새 할머니의 웅크린 숨소리를 들으며
동생과 나는
배추 뿌리를 삶아 먹고 볏단처럼 나란히 누웠지
봉분처럼 솟아오르는 헛배
오므려진 서로의 배꼽을 누르면
까르륵까르륵 뱃속을 굴러다니던 웃음소리

동생이 국민학교에 들어갔고
나는 중학교 합격통지서를 받아 들고 집으로 날아왔어
툇마루에 쌓인 어둠 위로 담쟁이넝쿨이 꼬일 때까지
어머니 발소리 들리지 않았지

살강 깊숙이 박혀있던 놋쇠그릇을
고물상에 갖고 가면
한 자루의 보리쌀과 할머니의 해소기침약을 살 수 있었지

아버지가 보시던 먼지 낀 책들을 꺼내어
헌책방에 갖고 가면

동생의 학용품과 바꾸기도 했지

입학금 납기일을 여러 날 넘기도록
부엌 문지방에 걷히지 않았던 매운 연기

합격통지서를 아궁이 불에 밀어 넣으며
수제비 반죽을 떼어 넣고 있을 때
"애야, 야학이라는 데는 돈이 없어도 공부를 할 수 있다더구나"
 등 뒤에서 봉초 담배에 불을 붙이며 낮은 기침을 뱉어내시는 할머니

화랑곡나방 애벌레가 동그랗게 몸을 말아 쌀알을 뭉칠 때마다
몸속으로 환하게 깃드는 무늬를 만들며

토끼풀꽃 한 송이

피어나고 있었네.

용당동 946번지

 첫 미팅이었다 막대사탕을 입에 물고 집 근처에서 오랜 시간 서성거리다가 발소리를 죽이며 대문을 밀고 집으로 들어왔는데, 부뚜막 한기처럼 부모님이 사라졌다 나는 막 스무 살이었고 동생들은 여섯 명, 막내가 다섯 살이었다. 먼 친척뻘 되는 아저씨가 동생들을 한 명씩 어딘가로 보내자고 했다. 나는 대답하지 않았다

 부모님 기사가 신문에 났다며 같은 동네에서 살 수 없다고 이제부터는 아는 체하지 말고 살자며 친척 아주머니가 쌀자루를 들고 와서 마루 구석에 선물인양 던져 놓고 갔다

 그다음 날엔 조금 더 먼 친척인 통장 아저씨가 찾아왔다. 부모님이 오실 때까지 돌보아 줄 수 있는 고아원을 수소문했다며 지내기 좋은 곳이라고 했다. 진짜 고아가 아니기 때문에 잠자리와 끼니만 제공해 주는 조건이 포스트잇처럼 달려 있었으나, 나는 고개를 숙인 채 풀어진 운동화끈에 신경이 더 쓰였다

항구를 지나면 바위산으로 유명한 산자락 아래 작은 별장처럼 보이는 곳이었다. 여름철 해수욕장으로 가족 놀이를 갈 때 그 앞을 지나갔으나 그곳이 고아원인줄은 몰랐다. 나이별로 방 배정을 받고 동생들은 어미젖을 막 뗀 포유류처럼 떨면서 각자의 구멍으로 들어갔다

 -나는 성년이 되어서 너희들과 함께 있을 수 없단다 미안해, 혼잣말을 삼키는 목구멍에 딸꾹질이 걸터앉아 있었다 막냇동생이 무릎 사이에 얼굴을 넣고 쭈그려 앉아있어서 표정을 볼 수 없었다 부모님이 오시면 데려간다는 서약서를 쓰는데 펜은 덜덜거리고 수중에 버스비도 없는데 비는 쏟아져 내리고

 흠뻑 젖어 돌아온 나를 쳐다보며 기르던 개가 꼬리를 흔들었다.

서류 한 장

 손톱깎이를 찾다가 서랍 속에서 서류 한 장을 보았다 교실 안에서는 보지 못한 단어들로 나열된 낯선 문장들, 나가는 문을 찾지 못하고 창틀에서 가늘게 떨고 있는 나비처럼 손톱을 깨물었다 문득 부모의 얼굴이 생각나지 않을 때 고아가 된 기분이 든다 저녁 밥상에 앉아 있는 모르는 사람이 부모의 흉내를 내고 있다면 묻지 못한 질문을 삼키듯 밥을 먹었다

 하얗게 질린 저녁이 자주 찾아온다 그럴 때마다 할머니가 손끝에 바늘을 꽂았다 끈적이는 기분처럼 흘러나온 검은 피, 나는 으깨어진 밥알처럼 울음을 터뜨렸다

 그 서류를 보지 않았으면 좋았을 텐데, 그러면 아름다운 사람으로 살 수 있었을 텐데 아무도 미워하지 않고 아무도 상처받지 않고 멀리 떠난 백야에서 춤추는 연습을 하며 나는 자작나무처럼 두 팔을 벌리고 외발로 서 있었을지 모르는데

 몸속의 피를 모두 쏟아내고 파란 물감을 채워 넣자

붕대를 감은 손가락에는 검은 리본이 무수히 매달려서
지워진 내 얼굴이 가득하였다.

겨울 이야기

눈이 발목까지
차오르는 겨울밤
뽀드득뽀드득 발자국 찍으며
그대를 만나러 가던
아름다운 시절 있었지

생머리 뒤로 넘겨 손수건으로 묶은 채
낡은 지붕 위로 쏟아지던 별을 세며
나, 그대만을 사랑하리라
은빛 목걸이 목에 걸며 다짐했었지

밤하늘 촘촘히 박힌 별들
하나 둘 떨어지고
은빛 목걸이 녹물 번져
목이 메이던 날에는
치약을 묻혀 빛이 나도록
닦고 또 닦았겠지

겨울밤

맨발로 눈 위에 발자국을 찍다 보면
발가락들도 일제히 탄성을 질러주었지.

골목의 스위치

해거름 창문 밖

발가락을 흘리며
풀밭 위를 뛰어가는 새들이 보인다

입가에 묻은 밥풀을 떼어주고
흘린 침을 닦아주며
툇마루에 앉아 있는 늙은 부부 앞에는
노란 개 한 마리

이발소 그림처럼 귀가 늘어져 있다
높낮이가 비슷한 지붕들이
머리를 맞대고 두런거리면

된장국 끓이는 냄새가
금이 간 항아리를 채우고 있다

골목의 스위치에 밤의 리본이 매달리자

칠이 벗겨진 문 앞에
방금 도착한 택배처럼
불이 들어오는 가로등

- 누구세요?

키가 큰 그가
대문을 두드리지는 않았지만
골목이 한꺼번에 다가왔던 것인가

이내, 조용해진다.

일기예보

내비게이션을 켜고
도착지를 입력했는데 이미
사라지고 없는 주소라고 화면이 정지된다

일기예보는 빗방울이 내릴 거라 했는데

날씨는 지워진 주소까지 닿을 수 없이
예초기에 잘려 나간 잔디처럼
아무렇게나 흩뿌려지기 시작하였다

수도꼭지가 얼어서 물을 받을 수 없었던
어린 겨울날
아무도 없는 숲속에서
목줄을 잃은 개처럼 하염없이 누군가를 기다렸던

오래전 이곳은
호수가 있던 자리였을지도 모른다

건물 창틀에 앉은 공벌레가

바람이 흘리고 간 물기를 받아먹고
몸을 동그랗게 말아
제 그림자 속으로 들어가고 있다

일기장의 한 페이지는 아직 채워지지 않았는데
납작하게 접힌 마음을 일으켜
자꾸만 구름을 불러내는 날씨와 같이.

메주 띄우기

 맨발로 비닐봉지 속의 삶은 콩을 밟으며 서로의 목에 달린 방울을 떼어 냅니다 미래의 난간대 위를 온몸으로 밀고 갑니다 무사히 곡예를 마칠 수 있었습니다

 묵은 약속들이 종량제 봉투에 담겨 폐기물로 분류되고 숨 가쁘게 계단을 뛰어 올라온 택배기사 손엔 잘린 내 귀가 들려 있습니다

 항아리 속에서 몸을 웅크리고 있는 당신, 메주가 동동 떠오르며 매운 향기가 피어오릅니다 검은 천에 가려진 콩나물시루처럼 빼곡하게 자라는 발효의 순간을 바라봅니다

 ―위험해 문을 열지 마 잘린 귀가 신호를 보냅니다 계절을 옮겨 날아가는 새들의 귓불도 발갛게 물들어가고 있습니다

 우리는 두려움 없이 부풀어 오를 수 있습니다 우리는 잘 섞일 수 있습니다 메주의 세계는 겉은 말라 있어

도 속이 살짝 말랑거리는 측량할 수 없는 별빛

 누룩곰팡이 푸른곰팡이 우리는 모여서 된장이 되고 간장이 됩니다 까맣게 졸여지기도 합니다 푸르게 터질 수도 있습니다.

꼼꼼수선집

접근금지 팻말 위로 날아다니는 새

시침질과 홈질의 밀고 당기는 경계선을
넘다가 찢긴
짜깁기의 흔적이 고스란히 남아있다

단추 구멍에서 새어 나온 실밥이
뜬눈으로 밤을 새우는
꼼꼼수선집

사내는 바짓단을 자르고
뒤틀린 바느질 선의 솔기를 다듬으며
헤프게 흘려버린 시간까지 팽팽하게 당겨 꿰맨다

주머니를 뒤집으면 박음질 이음새마다
밑줄로 그어진 재봉틀의 하소연 소리

얼마나, 그나마 다행인지 모른다

수선될 수 없는 위험한 날짜들이
달력 속에는 새겨져 있다.

1992년 12월 18일

찢어진 우산 틈새로 떨어지는 빗방울을
손으로 받았다

비에 대해서만 색깔의 차이가 났을 뿐
아무도 말을 하지 않았다

TV도 침묵으로 하루를 보냈다

골목 노래방에선 홍도야 우지 마라가
흘러나오고
거리의 지붕들은 낮은 신음을 내며 금이 가고 있었다

지하도 계단이 조금씩 흔들리기 시작했고
몇 개의 녹슨 과일이
바람 부는 쪽으로 굴러갔다

어둠이 젖은 포도 위로 스며들고
영업시간이 지난 후까지도 구석진 자리에선
몇 명의 사내들이

희망과 절망을 같은 술잔에 따라 붓고 있었다

그날
변두리 여관까지 빈방이 없이 꽉 차 있었고
남은 사람들은 거리에서 서성였다

빗방울을 튀기며 빈 택시는 멈추었다 또 달리기 시작했고
달라질 수 있는 건 아무것도 없었다

겨우내 불어난 욕정이 파열음을 내며
흐느끼고 있었을 뿐

뜯겨진 벽보 속의 얼굴이
바람 속으로 흩어져 갔다.

크레파스는 별을 그리지 못하고

복지사가 주고 간 크레파스를 찾던 어머니는
틀니 세척 통에서 안경알을 건져 올렸다

안경알은 안경알대로
어머니는 어머니대로
크레파스가 아닌 안경알이 서운하다

어렵사리
손에 쥔 크레파스

- 어머니, 무엇을 그리실 거예요
응, 꽃도 그리고 별도 그리고

크레파스는
움푹 팬 길을 따라가다
허리가 몹시 굽은
나무 한 그루를 길가에 세워 놓으면

헐거워진 스웨터마냥

서랍 속에 늘어나는 약봉지 위로 먼지들이 내려앉는다

희미한 윤곽을 드러내며 비쳐 드는 장문 밖의 저녁
크레파스는 가쁜 숨을 오르락내리락하는데

어머니, 천정에 율이가 붙여놓은 별이 있어요
크레파스는 조용한 목소리로 대답을 한다

-그래, 별이 거기로 가 있었구나.

자화상

깨진 거울 조각을 쓸어 담다가

수천의 얼굴이

나를 담고 있는 것을 보았다

얼굴 조각을 만지다가 찔린 손가락에서

새로 돋는 핏방울의 소용돌이를 따라가면

귓바퀴를 핥아주던 귓속말

혈관을 타고 오르는 실뿌리처럼

낮은 소리로 휘어 감는다

먼지로 가득 찬 공가에는

귀퉁이가 떨어져 나간 거울처럼

깨지고 무너지는 소리가 까맣게 그을려있다

유리창에 거꾸로 매달린 손목들이 무언가를 자꾸만 헤집고 있다

떨어져 나간 피부들이 퍼즐 맞추듯

자리를 옮기면

다시는 돌아갈 수 없는 예감으로

거울 속의 얼굴이 일시에 쏟아져 내린다.

발치

편백나무 늑골 사이 호흡이
들숨 날숨을 반복하고 있는 동안
햇살은 둥그렇게 부풀어 올랐다

안개의 건반 위로
봉숭아 씨방 터지듯 튀어 오르는 빗방울들

연두 빛 날개를 달고 내려오는 잎사귀
어금니 꽉 깨물고
엽록소 틈새로 눈물샘을 감추고 있다

거미줄에 매달려 기척도 없이 몰아쉬는
매미의 숨소리

오래된 흙벽이 무너져 내리는 것은
바람 탓이 아니듯 그대 탓도 아니다

제 몸 무늬를 따라 맴도는
어미 잃은 족제비는

멈추지 않는 술래잡기를 한다

그대 하나 뽑힌 계곡에
웅덩이 깊어져
명치 아래 빗물 가득 고였어라.

덕곡리 부근

마을버스가
흙먼지를 일으키며 무정차로 지나가는 동네

회관에는 색 바랜 달력 아래
폐기물에 가까운 의자 한 개
빈 막걸리통처럼 쓸쓸했다

간장에 감자를 조리던 팔월 한가운데
늘어진 고무줄이 툭 하고 끊어지듯
담벼락 뒤에서 마지막 담배와 작별하는
아버지의 낡은 연장 가방

폐업의 도면 위에 철근의 뼈대를 세우면
쇳소리를 잡고 버티었을 손목

함바가 헐리던 날 공사장
아시바 끝에 올라서서 나사못을 풀었다

폭우가 지난 텃밭에서

어머니는 머릿수건을 매만지며
쓰러진 옥수숫대를 세우고, 또 세웠다

대나무 숲 너머에는 연녹색이 모여 배경이 되는 곳.

푸른 이불 한 채

비린내 나는 비닐봉지를 물고 가는 고양이가
탱자나무 울타리 밑으로 재빠르게 지나간다

골목은 빈 밥통 속 같다

멸치젓 위로 소금을 뿌리는 어머니의 무명지엔
호박반지가 헐렁하게 매달린 채

시행착오뿐인 삶의 절반이 대문 구석에
녹슨 자전거로 서 있다

오랫동안 나는
어머니 명치에 박혀있던 가시였다

호박잎 덩굴손이
녹슨 지붕의 뼈대를 감고 올라온다

혈연이라는 덩굴 손은 여린 잎 몇 장 떼어내도
눈 하나 깜짝하지 않고 새잎이 돋아나곤 했다

흐린 달빛 속으로 숨기고 싶은
옷섶을 만지작거리는 사이

지붕은 푸른 이불 한 채 깔아놓았다.

제3부

민들레꽃 필 무렵

그 남자한테서

가을 햇빛에 펄럭이는 삶은 기저귀 냄새가 났습니다

그 냄새에 코를 박고

오랜 시간 나는 행복했습니다.

시집을 읽는 아침

눈을 뜨면
아침 햇빛보다 먼저 도착한
당신 편지를 읽습니다

어디 아픈 곳은 없냐고 묻듯이
말갛게 씻긴 마음 한 자락
문장마다 꽉 차 있습니다

조리개를 활짝 열고
꽃들이 피어나듯
당신 안부로 하루가 부풀어 오릅니다

토끼풀꽃처럼
두 눈이 붉어집니다.

꽃을 지우듯

 참꽃이 필 때쯤 바지락엔 살이 올랐다 젖 몸살도 울음을 멈추었다 바닷물에 꼬시래기가 밀려오면 흩어지던 마음 갈래를 주워 담아 바구니를 채웠다 젖먹이는 미역귀처럼 자라 어미의 치마폭을 그러쥐곤 하였다 섬을 떠난 적이 없던 귀밑머리 하얘진 신부는 민박집 담벼락에 허리 굽혀 벽화를 그렸다 뭍으로 가는 배를 그리고 다시 지웠다

 뭍에 나가 양재 기술 배우려 했던 어린 신부의 꿈은 안감을 박음질해 보지도 못하고 홑겹의 겉옷을 만지작거리다가 노름꾼 아버지 빚 탕감으로 섬에서 섬으로 시집오던 날을 떠올려 본다 입술을 오물거렸으나 꽃잎이 되어 나오지 못한 꽃이 그녀에겐 있었다.

접시를 헹구는 동안

세제를 듬뿍 묻혔던
무너지는 마음을 담았던 접시를
헹구는 동안
우려먹었던 집착과 고집이
한 접시의 달콤이었을 거라고
창문 틈새로 들어오는 바람이
어깨를 들썩인다

행주 위에 머물다가 간 햇볕은 줄어들고
말간 그릇을 마중 나온
저녁이 있다

빈 접시 곁에서 털실 뭉치는 말랑하고 따뜻하게
이야기를 뭉치고 있다

오랫동안 소매가 닳아졌던 솔기들이
약간씩 젖어 들기도 하는.

봉숭아

연필심을 눌러
대답 없는 편지를 쓰듯
자갈 틈새로 손톱에 힘을 내며
봉숭아꽃 하나 피어있다

누가 흘렸을까?

저 비밀!

공장의 주인 닮은
폭염 속에서
소나기 한 번 내려주지 않고
눈길 하나 주는 이 없어도

담벼락 아래
봉숭아꽃 하나 피어있다

쓰다가 그치고 만
편지지 한 장 접어 넣어둔

하얀 봉투 속에서

그때의 이야기 하나
쭈뼛쭈뼛 고개를 내밀자
봉숭아 꽃물 날아간 손톱으로
살포시 토닥여주었다.

내 마음의 폐허

 아파트 신축 공사장에서 겨우내 멈추었던 철근 자르는 소리 타카 못 박는 소리 포클레인 소리 인부들의 고함소리까지 한데 뭉쳐 소나무 등걸의 두꺼운 껍질을 움찔거리게 한다 여린 솔잎이 팔을 뻗어 공기를 가늠하거나 새들이 바람을 쪼아대면 대숲이 한쪽으로 허리를 굽힌다

 몸이 따라가면 마음이 움직이는 걸까 마음이 움직이면 몸이 따라가는 걸까 바람이 여러 겹의 옷을 껴입고 나이테를 알 수 없는 나무처럼 머뭇거린다 생각해 보면 당신의 마음을 한 번도 본 적이 없었던 것 같다 기억할 수 있는 건 당신의 몸이 움직이던 물결 같은 느낌을 마음이라 단정 지었던 것 같다 웃자란 풀들이 햇빛에 펼쳐놓은 삶은 고사리처럼 말라가고 있다 시선을 한 곳으로 모으지 못한 제비꽃들이 고개를 들어 올린다 햇빛에 온몸이 바스러질 것처럼

 나는 한 마리 반딧불이가 되어 천천히 날아올랐다.

연인

박하 향 짙은
흰 눈이

화면
가득 채우고 나면

남겨진
여백으로

새 한 마리
날아와

심장에
부리를 박아

한 점
흘린 피로

동백은
피어났다.

산정동

 웅덩이를 매립한 공터를 지나 학교에 갑니다 개똥 위에 붙어 있던 똥파리떼가 까마중 열매 쪽으로 웅웅거리며 날아갑니다 파리보다 크고 예쁜 똥파리가 날아갈 때 날개는 햇빛을 받아 오로라의 커튼 자락처럼 반짝입니다

 오전반 아이들은 국민교육헌장을 외우고 오후반 아이들은 개울가에서 개구리를 잡았습니다 여자아이들은 작은 구덩이를 팝니다 남자아이가 손바닥 위에 개구리 껍질을 벗겨 올려놓고 삶은 닭고기 같다고 말합니다 나는 그 맛이 궁금해져 개구리 뒷다리를 조심스럽게 받아 구덩이 속으로 가져갑니다 개구리 뒷다리를 손으로 잡았을 때, 물컹하고 뜨끈한 온도가 전해집니다 가슴이 파닥거렸습니다. 뒷다리만 잘라서 구덩이에 묻고 나무 십자가로 표시를 해두었습니다 안심이 되지 않았는지 한 아이가 신발 한 쪽을 벗어 놓고 갑니다

 학교가 파하자 아이들이 다시 공터로 모였습니다

먼저 온 아이가 울상을 지었습니다 묻어둔 개구리 뒷다리가 사라졌다고 합니다 서로의 얼굴을 이상하다는 듯이 바라봅니다 아이들은 그때 의심이라는 공책을 펼쳐 들고 눈치를 살피기 시작했습니다

누군가 개구리가 잃어버린 자신의 장기와 껍질을 찾아갔을 거라고 주술사 같은 말을 뱉어냅니다 빠져나온 내장 같은 불길함이 아이들의 머리 위를 에워싸기 시작했습니다 아이들은 그날 이후로 집으로 오지 못했고 개구리처럼 울면서 웅덩이로 뛰어들었습니다 물거품이 끓어오르며 날이 점점 어두워져 가고 말았습니다

웅덩이 속의 아이들이 눅눅하고 물컹한 물감을 풀어 무언가를 밤새 그리고 있습니다 아이들의 그림 속에는 눈동자가 보이지 않습니다 여름 볕에 익어가고 있는 개구리 눈에 검은 안경알을 씌워 주었습니다.

계림8구역

압쇄기 집게발을
높이 흔들며 와삭와삭
빈집들을 집어먹는 포크레인

어제의 옆집이, 오늘은
콘크리트 무덤이 되었다

방수 페인트의 녹색 피부를 움켜쥔
옥상 바닥의 조각들
무화과 잎사귀처럼 넓은 귀를
구부러진 철근 모서리에 매달고
지층에서 올라오는 축축한 웅얼거림을 듣고 있다

버려진 채 나뒹구는 집기들
밤이면 오롯이 둘러앉아 서로를 쓰다듬을 수 없어
골다공증 앓는 소리를 낸다

배설물이 진득하게 배어
문짝이 떨어져 나간 대문 앞에

누군가 길고양이 급식을 들고 서있다

집터가 있던 자리엔 발 눈치 빠른 세입자 같은
강아지풀들이, 부지런히
알아들을 수 없는 말들을 서로에게 전하고 있다.

동거

언제부터인가 욕실 문틀 뒤 구석에서 머물고 있었다

좁쌀만 할 땐 눈에 잘 띄지 않아 그의 존재를 몰랐다 삭아가는 문틀에서 더듬이로 물의 양과 햇빛의 양을 재고 있었을까? 아무도 없는 한낮의 바닥에 점액질의 샛길을 남겼다

콩알만큼 커지자 눈에 띄었다 딸아이는 신기해하며 하수구로 떠내려갈까 봐 욕조 위에 올려놓고 샴푸가 튀지 않게 머리를 감곤 했다

어느 날 그는 작별 인사도 없이 가버렸다 욕실 여기저기 깨어진 타이루 틈새와 문틀을 들여다보았지만 달팽이의 모습은 보이지 않았다

재개발이 시작되자 정원수들부터 어디론가 옮겨 갔다 접근금지 팻말 사이로 들쥐 한 마리 황급히 지나갈 뿐, 겨울바람이 낡은 아파트 창문을 흔들고 있는데 그도 무사히 이주를 했을까?

길을 가다가 나뭇잎 뒤에 엉겨있는 그것들을 볼 때면 자꾸만 어린 달팽이의 생각이 났다.

버드세이버

셀레베스 해까지 날아갈 것 같은 기분이에요

포란 주머니에 귀를 기울이면
보리 콩 냄새가 흘러나오고

눈꺼풀을 깜박이며 고개를 내민 새끼 솔부엉이

입속을 들락거리던 햇살이
유리 성 이야기를 귓속말로 데려왔다

아름다운 발목을 드러낸 나무들이
풀밭 위에서 접어둔 꿈을 펼치듯 춤을 춘다네

나는 저 성으로 날아가 독수리보다 더 멋진 비행을 할 거야

자유롭게 저 하늘을
날아가도 놀라지 말아요
우리 앞에 펼쳐질 세상이

바람 끝자락을 돌돌 말아 잡고
날개를 털며 날아오르는

솔부엉이의 노랑 빛 두 눈
활시위 되어 솟구친다

유리의 성이 크게 다가온다

심장이 터질 것 같은 첫 비행

어미 솔부엉이가 유리 성으로 날아간다

비행의 순서도 정확하지 않아

울음주머니가 열리는 것이 먼저인지

꼬리뼈의 떨림이 먼저인지

버드세이버가 되어버린 새끼를

부르기도 전에 "쾅"

오훼골이 투명방음유리벽에

붉게 흘러내린다.

와온 가는 길

봄이 깊어져서
찔레꽃 향기 해룡면을 뒤덮을 때
이른 수박 장수 남자가 그 길을 차지할 때
서로의 풍선에 바람을 잔뜩 넣어서
그 사람, 손 잡고 가다 잠시간
멈추고 싶은.

회색빛 구름이 빛을 통과하는 순간

 아카시아 잎새를 마구 흔들던 바람마저 깜박 졸던 새벽 길을 나서던 B동 할머니는 화단 난간에 걸쳐져 있던 그것이 처음엔 닭 창자인 줄 알았다고 한다 음식물 쓰레기통에 집어넣으려고 다가간 할머니의 비명이 아파트 담벼락에 날카롭게 꽂혔다 뒤늦게 출근한 관리소 직원이 담요로 그것을 황급히 덮어놓자 등굣길 아이들은 바삐 뛰어가느라고 실수로 떨어뜨린 빨랫감 정도로 여겼다

 실직한 뒤로 그는 아파트 뒷산에 올라 비닐봉지에 남아있는 빵 부스러기처럼, 하루하루는 소주병 속에서 알약처럼 풀어지고 있었다 그날도 슈퍼 주인은 그가 가게 앞을 지나자 새벽 산책 가는 줄 알고 그의 발자국을 나뭇잎과 함께 쓸어버렸다고 한다 20층 옥상, 마지막 위로를 나누던 소주병에게 그는 무슨 말을 남겼을까? 회색빛 구름이 빛을 통과하는 순간 눈 질끈 감고 마음의 빗장을 열었을 때 그는 어떤 행성으로 탈출을 꿈꾸었을까? 성급히 서두른 탓에 예정된 각도를 벗어난 그의 혼은 찢어진 비닐봉지처럼 옆구리를 뚫고 나

와 터진 실밥 같은 울음을 터뜨렸다

 검정 바둑알 같은 표정의 장의사가 흩어진 그의 살점들을 주워 염을 끝낸 뒤에 관속에 누였다 베란다 밖으로 고개를 내민 머리통들이 글썽이는 낮달을 창틀에 끼워둔 채로 브라인더를 내렸다 관리소 직원이 핏물이 고인 화단가를 빠른 동작으로 청소를 했다 태연한 햇살이 천천히 지나갔다

 학교에서 돌아온 아이들은 해맑은 모습으로 자전거를 타고 화단가를 맴돌며 깔깔거렸다 잠시 일손을 놓았던 아낙들은 저녁 시장을 보기 위해 스프레이가 뿌려진 그곳을 지날 때 검은 새 한 마리가 옥상 위로 날아올랐다.

발톱이나 가시에 관하여

 새끼 고양이 한 마리 얻어온 날 딸애는 새 인형을 선물 받을 때처럼 들떠서 목욕을 시키고 우유를 먹이고 밤에는 꼬옥 끼고서 잠을 잤다

 방 안에서 공을 굴리곤 하던 놈이 어느 틈에 문틀을 타고 기어오르는 연습을 하더니 모서리 곳곳에 발톱 자국을 남겨 놓았다

 밖으로 보내야지 생각을 하니 선물함에서 떨어진 리본처럼 잠이 든 딸애의 잠꼬대, -안 돼요!

 이제 곧 발톱을 날카롭게 세우며 들고양이가 되겠지 살갗 밑으로도 가시들이 움찔거린다

 가시를 꼿꼿이 세우고 문을 나서면 햇살이 먼저 이쪽을 응시한다 옷 속의 가시는 이내 사그라들고 나는 흔들흔들 살아간다

 맨홀 뚜껑 위에 쌓인 갈색 목련 꽃잎들이 종량제 봉투

에 수거되면 어둠 속에서 손을 씻는 나무들

 몸 밖으로 돌출된 가시가 저만치 앞서간 바람의 부끄러운 기억까지 찌르고 돌아선다 무장군인처럼 당당해진 나는 뛰기 시작했고 들고양이 한 마리 휙 담을 넘어갔다.

스파이호핑(Spyhoping)*

손끝으로 물살의 질감이 만져질 때

지느러미 치기로 수면의 감각을 일깨울 때

내가 고래라는 걸 눈치챘다

바다를 한 입 가득 물었지

물의 각질이 해질녘 노을에 벗겨져 천천히 밀려나면

물거품 쪽으로 입을 내밀고

세상 끝을 향해 숨을 내뱉지

고래좌에 두고 온 푸른 구근(球根)이 반짝이고

수평선 위로 솟구치는 꼬리별들이 팽창하면

나는 숨을 들이쉬고

다시 깊은 바닷속에서 피부의 감각을 일깨우지

겨드랑이가 간질거리면

분수공을 활짝 열어 너에게로 닿으려고 했다네

단 한 번의 호흡으로 가장 멀리까지 내쉬고 싶었던

고래 식(式)의 그리움 말이야.

*머리를 수직으로 내밀어 물 밖에서 무슨 일이 일어나고 있는지
 확인하는 고래의 행위

4부

해국

수평선을 담아 온 바람이
몸을 휘감아 올리면
나트륨이온과 염소이온을 밀어내기엔
이파리의 성긴 틈니가 너무 아파

납작하게 몸을 구부린 마라도 할망.

꽃무릇

등 돌린 사랑에도
온기는 남아 있어

온몸을 적시던
자홍빛 눈물

스님 염불소리만
귀 맑은 등불인양

그 대에게 투항하러 갔다가
헛디딘 마음 길가에 나와.

관방천에서

한 차례
폭풍우 같은
소나기가 내리면

그대가 건너가던
내 마음의 징검다리

호흡이 멈추고
물결만 아우성치던
아찔한 순간

대책 없이
두 팔 벌려 가득 담아보는
별빛, 한 광주리.

대흥사는 멀다

천불전 사방 연속 창살무늬 위의
먼지를 후 불어 본다
먼지가 날아간 자리가 환하다

한 때 당신이 앉았던 자리
봄 강물로 흘러가던 녹색의 시간표를
우린 함께 읽었었다

사계절이 무염지에 담긴 꽃잎들로 늘 찰랑거리고
정오의 나룻배에선 아홉 숲 긴 봄의 풍경소리가
바람의 귓속으로 노를 저어 가고 있었지

느티나무 무릎 위로 차곡차곡 쌓이는 계절의 나이테

저녁예불을 알리는 종소리가 걸어 나오자

잘 익은 밤송이에선 곧
가을이 터질 것 같았다.

새들이 씨앗을 터뜨리다

손가락이 떨릴 때마다
뇌 속으로 날아다니는 새들이 씨앗을 터뜨린다

신경안정제를 하나 더 먹어야 한다고 생각하다가
냉장고에서 꺼낸 냉수를 벌컥벌컥 마신다

햇살은 툭, 툭, 툭, 단절음을 내며
아스팔트 속으로 끌려 나가고

오후 세 시
무협지 시리즈로 발밑 시간은 무겁게 뒹굴고

몇 통 안부 전화에
귀가 떨어진 해가 산을 넘어간다

 지는 해는 아름다워, 콧노래를 부르며 약수터로 향한다 꼬리가 붉은 잠자리 한 쌍 풀더미 속으로 날아간다 하루살이도 하루를 마감하기 위해 어지러운 비행을 마치고 은밀한 곳을 찾는다

약수터 물은 지하로 내려가 면벽 중이라는 소문만 흘러나온다

 빈 물통을 냉장고에 넣고 보리차를 끓인다
 끓며 넘치는 주전자 속에서 보리 알갱이들이 소용돌이친다

 TV 화면 밖으로 아나운서 목소리가 밤송이처럼 쏟아진다 심야 노래방에서 목소리를 풀어 접대를 했다는 한 주부는 밤이 너무 무료해서이거나 과외비 때문이라고도 한다

 밤을 지켜 줄 이 시대의 처용은 또, 어디로 출타했을까?

저기, 저렇게

하늘 숲 언저리에서

초저녁 별들이

제 몸의 빛깔을 고르는 동안

바람의 페달을 밟고 달리는

햇살 하나

저기, 저렇게

구름의 계단에 앉아

바람의 귀가 열리고

새 떼들이

하늘의 귀퉁이를 팽팽히 잡아당기면

별의 능선을 넘는

낙타가 만삭의 저녁을 싣고

돌아오고 있어.

누에처럼 엎드려

누에처럼 엎드려 세월의 이파리를

아삭아삭 먹어 치우며 보낸

불어 터진 라면 같은 날들의 연속

한쪽 굽이 떨어져 나간 구두

꿰매어 본들

사랑이 다시 뜨거워질까

아,

동물처럼 단순해질 순 없을까

수컷이 암컷을 애무해 주는

오직,

전념하는.

희구당에서

목사동 평리 배밭에서는
희구당* 문집에서 빠져나온 활자들이
마을 안 길이 휘어지는 곳까지
눈꽃을 날리기 시작한다

바지랑대에 걸린 그의 흰옷이
바람의 반대 방향으로 펄럭이고 있다

우리의 얼룩진 옷들을
세탁기에 집어넣고 돌려도
얼룩은 끝내 지워지지 않았다.

*소설가 故)이재백 님의 서재

도서관에는 시계가 없다

맥주 보리알 같은 낱말들 사이에서
숨은 문맥을 찾다가

맨 처음
도서관을 생각한 사람은
가난하거나 병든 나라에서 태어났을지 모른다는
마음이 들었다

시간을 다 쪼아버린 새들이
태엽이 감기면서 가르키는
동그라미 판 속의 숫자를 불감증으로 바라보았다

흐린 날 오후에
역사물 페이지를 펼치면
눅눅한 활자들의 기분 위에서
화톳불 긋는 냄새가 났다

누군가의 인식 속으로는 민란이 일어나서 홰가 오를 때
가장 신명이 나기도 했다

물품 보관함 속에 넣어둔 소지품처럼
질문에 갇힌 침묵들

열람이 잦은
화장실 개수대는 세계에서 가장 심심한
고독의 현장을 떠올려주기도 한다

굽은 허리를 곧추세우고
시계 활주로 위를 맹렬하게 달리고 있는
어쩌면 아무도 모르는 방향이거나
청운(靑雲)을 품고 주저앉아 있거나.

겨울 연꽃

호른을 불고 있는 연잎을
안간힘으로 떠받들며
줄기는
철사처럼 휘어져 있다

손을 뻗어 줄기 하나를 만져본다

잠 속에서도 연근을 키우고 있는지

노모 코에 끼운 산소 호스에서
물렁한 울음 몇 방울 떨어지고

발그레한 볼을 가졌던 여름의 연꽃들은
다 어디로 갔을까

짓무른 복숭아를 골라내다가 보았다

부피가 줄어든 노모의 꽃무늬 바지 안으로
무언가 천천히 차오르는 것을

꼬투리 안에 박혀 있는 씨앗은
어지러운 마음을 덮어버리듯 표정이 사라지고

물갈퀴가 부르트도록
호수를 맴돌고 있는
오리 눈가에 걸린 시샘달.

여우꼬리 선인장

애인이 방문을 활짝 열고
맨드라미처럼 빨갛게 웃고 있어

여우꼬리 선인장을 심었는데
손톱 밑으로 가시가 뾰족뾰족 솟아올라

방문을 닫아달라고 혀를 움직였는데
목소리가 욱신거려

얼룩을 덮고 자면 얼룩말이 될까?

목책을 뛰어넘어
달리고 또 달렸어
발목을 휘감고 따라오는
묶인 줄이 느슨해질 때쯤

빈 봉오리 속으로 입술의 촉감을
한 움큼 집어넣었어

꽃들의 언어는
어디에서나 겨드랑이를 흔들었지만
물음표로 지워지는 소리를 끝내 듣지 못했어.

연실

그대 안부가 궁금해

연실을 풀어 올리면

얼레질에 매달린

수신 없는 문자 메시지

기우뚱기우뚱 허공을 맴도는데

시간의 자루에 매달려 있는

묶이지 않는 인연의 끈

굴비를 다듬듯

날이 선 가위로 싹둑싹둑 잘라낸다

그대를 지우기 위해

얼마나 많은 연실이

허공을 날아야 하는지.

소나기는 내리고

여름의 문을 열고
정오의 시계 속에서 우르르 쏟아지면
한 트럭의 울음소리

정류장에서
덜컥 승객을 쏟아버린 버스는
울음을 주섬주섬 쓸어 담고
오던 길로 되돌아갑니다

더 가벼워지기 위해
발음막에 음표를 집어넣고
끓어 넘치는 악보를 연주합니다

천사급식소 앞
노숙인들이
악보가 담긴 밥그릇을 우산처럼 들고 서 있습니다.

그날

꽃잎을 밀어 올릴 때마다
어긋나기로 피어나는 손나팔

담장을 휘감아 올라가는 덩굴손이
손톱이 뭉툭해질 때까지
벽을 긁어보았지만

서로에게 도달할 수 없는 비행의 끝자락처럼
엉킨 매듭을 끝내 풀지 못했다

공원을 둘러싼 담장 밖으로 웃자란 덩쿨장미가 목을 내밀자

소스라치게 울리던
한낮의
총성!

두 귀를 붙잡고 달렸던 그날이었다.

그 애가 올 수 없는 이 도시

그 애를 만나던 첫 해 오월
캠퍼스는
아카시아 향으로 출렁이고 있었네

거수경례로 만남과 헤어짐의 마침표를 찍던
그 애 팔은 ROTC 제복 위에서
오월 햇살에 싱싱함으로 빛났네

소위로 임관하던 날
그 애에게 꽃다발을 안겨주었네

서부전선을 향하여 떠나던 날
우리 다시 만날 때
신랑 신부 되자고 약속했네

일 년 후
폐허의 도시 끝 상무대 구내식당에서
우리 다시 마주 앉았네

그 애의 계급은
계엄군 이 중위가 되어 있었네

우리는 말없이 점심을 시켰네
밥알이 목구멍을 가로막고 있었네

그 애는 어떤 모습으로도
다시는 이 도시에 올 수 없을 거라 하였네

오늘도 오월은 아카시아 향기 출렁거리고
그 애가 올 수 없는 이 도시에는
흔들리는 촛불이 물결처럼 출렁거리네.

| 발문

한 도배공이 빚어 올린 궁핍한 이미지의 축제

곽재구 (시인)

1

구석이 많은 삶도 기억을 만드는 순간이 있다.

1990년의 일이다. 광주의 가톨릭 센터에서 문예창작 아카데미를 열게 되었다. 소설가 임철우와 내가 소설과 시를 맡아 강의를 했다. 광주 항쟁의 열기가 식지 않은 이 도시에는 글을 쓰고자 하는 욕구를 지닌 시민들이 많았다. 학기제로 운영되는 강의에 시민들이 몰려들었다. 정신적 물질적으로 궁핍하기 이를 데 없던 시절 나는 이곳에서 4년 동안 강의를 했고 형언하기 힘든 위로를 얻었다.

첫 강의 테마는 '시는 그림이다'였다. 이미지를 알기 쉽게 그림으로 표현한 것이었다. 무등산록에서 주은 깨진 옹기 소병에 그곳 마을에 핀 매화 몇 가지를 꽂고 생각나는 순간들을 언어로 그려보자 한 것이다. 처음 그린 그림들이 세련되었다 할 수 없었지만 각자가 지닌 기억의 진정성들은 따뜻한 품격이 있었다. 한 주 한 주 그들이 그려낸 그림들을 읽으며 나는 시절이 주는 아픔들에서 조금씩 벗어나게 되었으니 그들이 내게 준 큰 선물이라 할 것이다.

어느 순간 나는 이들과 신동엽의 서사시 금강을 읽을 생각을 했다. 시를 이제 배우기 시작하는 이들에게 금강은 난해한 테마일 수 있었으나 나는 이들이 광주 시민이라는 것을 생각했고 광주 항쟁을 눈으로 직접 본 이들이라 생각했다. 몇 주가 걸릴지 모르지만, 그들에게 금강을 꼭 읽히고 싶었던 것이다. 금강 첫 시간, 수강생들이 보인 열렬한 감정을 잊지 못한다. 사랑 꿈 열정 혁명 분노 순수 5월 광주 많은 이야기들을 나눴다. 그중 한 수강생의 이야기가 내 기억의 구석에 꽃밭을 만들었다. 그의 이야기를 여기 적는다.

공사장 일이 끝나면 해가 져요. 아파트 도배공사는 쉬는 날이 따로 없어요. 너무 피곤해 책을 읽기가 쉽지 않죠. 일요일 공사장 일 끝나고 서점에 갔어요. 서점에 금강이 없는 거예요. 강의는 내일 저녁인데 어쩌지? 버스 타고 서울 갔어요. 서점 문 닫는 시간에 겨우 금강을 샀는데 너무 기뻤지요. 야간열차를 타고 광주로 내려오며 열차 안에서 금강을 읽었어요. 금강이 얼마나 위대한 작품인지 난 아직 알지 못해요. 그렇지만 새벽 열차 안에서 금강을 읽으며 내가 광주로 내려왔다는 사실이 참 좋아요.

 선생은 시를 써오는 동안 이 수강생만큼 열정적인 습작의 기억을 지니지 못했다. 부끄러웠지만 마음이 한없이 따뜻했다. 신동엽 시인이 하늘에서 이 이야기를 듣는다면 얼마나 기뻐할까 하는 생각을 했다. 수강생은 대규모 아파트 공사장의 도배 오야지였다. 몇십 명의 도배공들과 함께 공사장을 떠돌며 쉬는 시간 틈틈이 시를 읽고 시를 썼다. 문예창작 아카데미가 끝날 무렵 도배공의 습작 시편들은 동기생들의 사랑을 받았다. 그중 한 편을 적는다.

> 그 남자한테서
> 가을 햇볕에 펄럭이는 기저귀 냄새가 났습니다
> 그 냄새에 코를 박고
> 오랜 시간 나는 행복했습니다
> - 시, 민들레꽃 필 무렵, 전문

2
 예나 지금이나 좋은 시란 읽는 순간 머릿속에 그림이 잘 그려지는 시라는 생각을 한다. 시를 읽는 순간 머릿속에 환한 불꽃이 켜지는 것이다. 불꽃이 맑은 채도와 함께 향기를 지닐 수 있다면 그림은 우리 마음속에 남을 것이다. 기억에 남는 이 그림을 우리는 이미지라 부른다. 머릿속을 혼돈의 흙탕으로 휘저어놓고 웃는 시는 시도 아니고 이미지도 아니다. 어떤 난해 시나 미래파 어쩌고 불리어지는 시도 그것이 시로 성립하기 위해서는 이미지로서의 꿈과 품격이 그 안에 내재해야 하는 것이다. 달리나 미로의 초현실주의 그림에 내재하는 이미지가 없다면, 잭슨 플록의 포스트모던 작품에 내재하는 삶의 향수가 없다면 현대회화에서 그들이 차지할 자리는 없었을 것이다.

    나,
    그대를 넘지 못하듯
    산은 강을 넘지 못한다는
    아우라지 가는 길

    폭설주의보 들으며
    굽이굽이 눈보라 휘날리는
    정선을 넘는데

    자작나무 숲을 지나
    옥수수 빈 대궁을 치며 가는 바람
    흙먼지 뒤집어쓰며
    겨울을 견디는 건 낙엽송들의 시(詩)이지

산간에 반짝이는 무심한 불빛
눈송이 바람에 날리며
길이 막힌다

집 없는
고양이의 눈빛처럼 날카로운 밤
- 시, 아우라지 가는 길, 전문

 이 시집에 실린 첫 번째 시 '아우라지 가는 길'을 읽는 순간 조금 당황한다. 이미지의 평범함 속에 감춰진 비상함 때문이다. 눈보라 치는 밤 화자는 정선을 넘는다. 이승의 삶의 길은 조련치 않고 폭설의 아우라지 물길 앞에서 가야 할 길은 보이지 않는다. 결코 넘을 수 없는 산, 그대 앞에서 늘 그렇듯 길은 막힌다. 그 속에 반짝이는 먼 산간의 불빛 하나! 집 없는 고양이의 눈빛처럼 날카로운 밤의 이미지는 화자의 마음과 일체화된다. 시 속의 이미지가 우리들 마음에 밝힌 등불, 이미지를 만나는 순간이다. 좋은 이미지는 좋은 이미지의 또 다른 질료에 대해 생각하게 한다. 맑고 쉬운 언어. 언어가 난삽해지면 이미지 또한 대책이 없어진다. 어려운 한자어나 낯선 외래어의 사용은 금물이다. 그럼에도 불구하고 이들을 사용하고 싶다면 스스로에게 물어볼 필요가 있다. 이 한자어 이 외래어를 쓰지 않으면 죽을 것 같은가? 죽으면 시도 꿈도 이미지도 소용이 없다 그러니 그 경우에는 예외로 인정하자. 아우라지 가는 길의 언어는 쉽다. 폭설주의보는 한자어라기보다는 대체 불가능한 우리말의 조미료 영역이라 할 것이다.

명치끝이 바늘로 찌르는 것처럼 따가울 때 생태탕 집에 가서 뜨거운 국물을 떠먹는다 이마에 땀방울이 송송 맺혀 눈물인지 땀방울인지 분간이 안 갈 때까지 남은 시간 소주 한 병 까는 것도 좋다 창 밖에 비가 내리면 더욱 좋으리 몸에서 나오는 습기와 비가 섞이면 울음을 삼키지 않아도 좋으리 비에 젖은 진흙탕에서 천배쯤 하다 보면 가슴속 주름이 부챗살처럼 펴지며 뜨거운 열기가 온몸을 휘감아 올라 천 마리 종이학이 되어 하늘의 정수리를 향해 두둥실 날아오른다.
 - 시, 수련, 전문

당신도 명치끝이 쩌릿쩌릿 저린 적 있지 아니한가? 생태탕 집에서 눈물 땀방울 분간이 안 될 때까지 소주 한 병을 까는 것. 현실이. 현실이 빚은 이미지의 축제라 부를 만하다. 몸의 습기와 비가 섞여 울음을 삼키지 않아도 좋으니 어찌 축제라 부르지 않겠는가. 진흙탕에 펼치는 천배. 부처의 경지라 할 만하다. 당신도 천 마리 종이학을 접은 적 있을 것이다. 앞으로는 종이학을 접기 전에 진흙탕 위에서 천 배를 하자. 좋은 이미지는 현실의 언어, 현실을 사랑한 살아있는 언어 속에

서 태어난다. 시 수련 속에 나오는 언어들을 유심히
보자.

    비린내 나는 비닐봉지를 물고 가는 고양이가
    탱자나무 울타리 밑으로 재빠르게 지나간다

    골목은 빈 밥통 속 같다

    멸치젓 위로 소금을 뿌리는 어머니의 무명지엔
    호박반지가 헐렁하게 매달린 채

    시행착오뿐인 삶의 절반이 대문 구석에
    녹슨 자전거로 서 있다

    오랫동안 나는
    어머니 명치에 박혀있던 가시였다

    호박잎 덩굴손이
    녹슨 지붕의 뼈대를 감고 올라온다

    혈연이라는 덩굴손은 여린 잎 몇 장 떼어내도
    눈 하나 깜짝하지 않고 새잎이 돋아나곤 했다

    흐린 달빛 속으로 숨기고 싶은

옷섶을 만지작거리는 사이

지붕은 푸른 이불 한 채 깔아 놓았다
- 시, 푸른 이불 한 채, 전문

언어의 고향은 현실이다. 모든 언어는 현실에서 태어난다. 좋은 언어에서는 현실의 냄새가 난다. 좋은 냄새가 나는 언어는 그 시가 지닌 진정성의 바탕이 된다. 시, 푸른 이불 한 채에 스며 있는 현실은 답답하다. 나는 어머니 명치에 박혀 있는 가시였고 그 속에서 어린 호박잎은 태어나고 어린잎 몇 장을 떼어내도 새 잎은 눈 하나 깜짝이지 않고 다시 태어난다. 그 모든 시간들을 흐린 달빛 속으로 숨기고 싶지만 머리 위에는 늘 푸른 하늘이 이불처럼 펼쳐져 있다. 이 시를 온전한 희망의 노래라고 부를 수는 없을 것이다. 불가역한 절망의 노래라고는 더더욱 부를 수 없다. 여기 시와 현실 사이의 교량이 놓인다. 답답하지만 꿈이라고 부를 수 있는 가능성의 영역이 생기는 것이다. 이 또한 이미지의 영역이다. 현실의 언어가 시 속에서 어떤 모습으로 현현할 수 있는 것인지 '푸른 이불 한 채'가 보여주는 것이다. 그냥 푸른 하늘이라고 말하는 것보다 푸른 이불 한 채라고 말할 때 식구들의 냄새가 난다. 그들의 절망과 꿈, 언젠가 이를 희망의 냄새까지 풍기는 것이다.

3

　쌀독에 얼굴을 넣고
　바닥의 쌀알을 긁어모으다가 보았어
　화랑곡나방 애벌레가 몸을 말아 쌀알을 굴리고 있
는 것을
　처음엔 갓 피어난 토끼풀꽃인 줄 알았어
　손가락을 내밀어 집어 올렸을 때
　고물거리는 몸짓에서 떨어지던
　흰 꽃잎 한 톨

손목을 타고 화랑곡나방이 떼지어 날아올랐어

빈 쌀독 속으로
몸을 말아 들어가 앉아 보았어

그날 저녁
자갈길을 굴러가는 수레바퀴처럼
몸을 굽히면 덜컹대는 발목을 신고
지붕의 눈시울이 그렁그렁 해질 무렵
나뭇짐이 되어
산을 내려온 할머니

밤새 할머니의 웅크린 숨소리를 들으며

동생과 나는
배추 뿌리를 삶아 먹고 볏단처럼 나란히 누웠지
봉분처럼 솟아오르는 헛배
오므려진 서로의 배꼽을 누르면
까르륵까르륵 뱃속을 굴러다니던 웃음소리

동생이 국민학교에 들어갔고
나는 중학교 합격통지서를 받아 들고 집으로 날아왔어
툇마루에 쌓인 어둠 위로 담쟁이넝쿨이 꼬일 때까지
어머니 발소리 들리지 않았지

살강 깊숙이 박혀있던 놋쇠그릇을
고물상에 갖고 가면
한 자루의 보리쌀과 할머니의 해소기침약을 살 수 있었지

아버지가 보시던 먼지 낀 책들을 꺼내어
헌책방에 갖고 가면
동생의 학용품과 바꾸기도 했지

입학금 납기일을 여러 날 넘기도록
부엌 문지방에 걸히지 않았던 매운 연기

합격통지서를 아궁이 불에 밀어 넣으며
수제비 반죽을 떼어 넣고 있을 때
"애야, 야학이라는 데는 돈이 없어도 공부를 할 수 있다더구나"
등 뒤에서 봉초 담배에 불을 붙이며 낮은 기침을 뱉어내시는 할머니

화랑곡나방 애벌레가 동그랗게 몸을 말아 쌀알을 뭉칠 때마다
몸속으로 환하게 깃드는 무늬를 만들며

토끼풀꽃 한 송이

피어나고 있었네.
― 시, 화랑곡나방 애벌레의 추억, 전문

 화랑곡나방은 쌀벌레의 고상한 이름이다. 쌀뒤주 안에 떡처럼 뒤엉긴 화랑곡나방 애벌레의 모습을 바라보는 것은 유쾌한 체험이 아니다. 애벌레들이 나방이 되어 떼로 날아오를 때 모두 질겁을 하기 마련이다 김소영의 유년 체험 속에서 이 쌀벌레만큼 강인한 것은 없다. 유년은 절망이 차례로 찾아오는 시간의 연속이었고 그 절망 속에 쌀벌레의 애벌레가 되어 꼼지락거리

는 자신의 모습을 본다. 흉측한 그 몰골 속에 연민의 바다가 펼쳐진다. 새로운 생명을 견뎌내는 끔찍한 인당수! 생명의 이미지로 기억 속에 찍히는 화랑곡나방의 이미지를 보며 유년의 시간들은 소생되는 것이다. 나는 천천히 생쌀을 씹듯 몇 번이고 이 시를 읽었는데 세련된 수사라고 말할 수 없는 이 시가 점점 좋아졌다. 화랑곡나방 애벌레의 추억을 견디며 살아낸 내 유년시절들이 차례로 떠올랐다. 모든 생명은 거칠고 힘든 유년의 바다를 건너 완성된다. 자랑이라고 말할 수 없지만 소중한 시간이라고 말할 수 있는 것이다. 완성된 화랑곡나방들이 떼가 되어 날아오르는 모습! 그 장엄한 순간을 어떻게 말할 수 있을까. 여름 아침 토끼풀밭에 펼쳐진 이슬바다! 이슬방울들 속에 저장된 세계의 모습! 이미지란 이런 것이다. 따뜻하고 쓸쓸하고 비참하고 장엄한 것. 더없이 사랑스럽고 진실한 것.

    같이 밥 먹어줄 사람 없이
    국밥 한 그릇 시켜 놓고
    뜨거운 김을 들여다보면
    밥과 국이 서로 엉겨
    둥둥 떠다니는 것 마저도
    용서할 수 없었던 날

    아편 같은 악몽을 꾸며 청춘이 가고

속수무책인 봄날엔 속절없이 목련 가지만
부러 뜨리고

삼십을 넘어 사십을 지나
몸은 단풍잎처럼 붉어지는데

팽이버섯처럼 가지런히 키를 맞추며
줄줄이 당신의 아이를 낳고 싶은 저녁
- 시, 봄날, 전문

 김소영의 시를 읽는 동안 대책 없는 그의 건강한 이미지 덕에 깜짝깜짝 놀라곤 했는데 이는 요즘 시에서 찾아보기 힘든 미덕이라 할 것이다. 평생 노동을 하고 나이 칠십이 되어 첫 시집을 내는 그에게 내가 무슨 말을 할 수 있을까. 비참한 화랑곡나방 애벌레들이 나방이 되어 아침이슬 빛나는 토끼풀밭의 장엄을 이루었으니 삶의 꿈은 결국 자신이 이루어내는 것! 그가 만들어낸 고희의 이미지에 꽃송이 하나를 보탠다.

화랑곡나방 애벌레의 추억

2025년 8월 20일 초판 1쇄 찍음
2025년 9월 01일 초판 1쇄 펴냄

지은이 _ 김소영
펴낸이 _ 임인호
편집장 _ 김옥경
디자인 _ 장상호

펴 낸 곳 _ 도서출판 신세계문학
등록번호 _ 서울 종로 00200
주   소 _ 서울특별시 종로구 동숭길 74
대표전화 _ (02)6232-8356

ⓒ김소영, 2025
ISBN 979-11-964787-3-5 03810

＊지은이와 협의하여 인지는 생략합니다.
＊이 책 내용의 전부 또는 일부를 재사용하려면 반드시 지은이와
  도서출판 신세계문학 양측의 동의를 받아야 합니다.
＊책값은 뒤표지에 표시되어 있습니다.

＊이책은 광주광역시 광주문화재단의 지역문화예술육성지원 사업으로
  지원받아 발간 되었습니다.